Ich liebe
Edle Frauen
aus der Reihe

I ♥

Ich liebe Edle Frauen

von Friedrich Schiller
Illustriert
von Manfred Limroth

TOMUS VERLAG MÜNCHEN

Titelbild: Manfred Limroth
Umschlag: Jutta Schneider
Printed in Italy
ISBN: 3-8231-0716-X

Keine Reue...

Schande, Schleier, schwarzes Gewand. Darf das sein: Schamlos Schillers Gedichte, Balladen und Lieder, hehres deutsches Kulturgut aus dem Schlaf zwischen ziegenlederbezogenen Buchdeckeln gerissen und schnöderhand bebildert? Ist dem Verleger und dem Zeichner nichts mehr heilig?

Nee. Aus Freude nicht. Aus Freude an der Lebendigkeit der Verse und in der Absicht, neue Lust zum Lesen von Schillers Gedichten anzustiften.

Kein Scherz für den Illustrator, denn viele Gedichte durften nicht gestört werden, ließen sich nur behutsam mit zeitgenössischen Silhouetten in Szene setzen. Und ab und zu ein kleiner Bezug zum Heute, zur Gegenwärtigkeit der Gedanken – ein Jumbojet statt der Kutsche, ein Hochspannungsmast für das unheimliche Summen in der Luft, das Fließen oben in den Drähten, das Nichtwissen, was woher kommt und wohin geht. Das Warten, lauschen. Ein paar Mal durfte der Zeichner in seiner Profession als Cartoonist auftreten, da, wo es der Schillersche Text geradezu verlangte: In der „Bittschrift“, in der Eifersuchtsszene „An Minna“. Und da, wo das Pathetische und Idea-

listische Schillers für ein geschütteltes Menschenkind von heute ein wenig zu arg wird.
Um jeden Illustrierungspart haben Verleger und Zeichner geboxt. Schiller war Schiedsrichter. Manches Blatt flog in den Papierkorb.
Schrieb Clara P. im Aufsatz: „So wie Goethe von Schiller, ging Schiller niemals von Goethe, ohne etwas besonders Wertvolles mitgenommen zu haben."
Der Illustrator versichert, daß er dem Nationalgenie nicht einen Pieps wegnehmen wollte. Auch nicht konnte. Trotz der kleinen Scherzchen mit der „Glocke". Und Schiller vergibt ihm:
„Groll und Rache sei vergessen, (auch dem Zeichner) sei verziehen, Keine Träne soll er pressen, KEINE REUE NAGE IHN".

Manfred Limmroth

INHALTSVERZEICHNIS

Bittschrift.

Dumm ist mein Kopf und schwer wie Blei,
Die Tobacksdose ledig,
Mein Magen leer – der Himmel sei
Dem Trauerspiele gnädig.

Ich kratze mit dem Federkiel
Auf den gewalkten Lumpen;
Wer kann Empfindung und Gefühl
Aus hohlem Herzen pumpen?

F e u ' r soll ich gießen aufs Papier
Mit a n g e f r o r n e m Finger? – –
O Phöbus, hassest du Geschmier,
So wärm' auch deine Sänger.

Die Wäsche klatscht vor meiner Tür,
Es scharrt die Küchenzofe –
Und mich – mich ruft das Flügeltier
Nach König Philipps Hofe.

Ich steige mutig auf das Roß;
In wenigen Sekunden
Seh' ich Madrid – am Königsschloß
Hab' ich es angebunden.

Ich eile durch die Galerie
  Und – siehe da! – belausche
Die junge Fürstin Eboli
  In süßem Liebesrausche.

Jetzt sinkt sie an des Prinzen Brust
  Mit wonnevollem Schauer,
In ihren Augen Götterlust,
  Doch in den seinen Trauer.

Schon ruft das schöne Weib Triumph,
  Schon hör' ich – Tod und Hölle!
Was hör' ich? – einen nassen Strumpf
  Geworfen in die Welle.

Und weg ist Traum und Feerei –
  Prinzessin, Gott befohlen!
Der Teufel soll die Dichterei
  Beim Hemderwaschen holen.

Die Entzückung an Laura.

Laura, über diese Welt zu flüchten
Wähn' ich – mich in Himmelmaienglanz zu lichten,
Wenn dein Blick in meine Blicke flimmt;
Ätherlüfte träum' ich einzusaugen,
Wenn mein Bild in deiner sanften Augen
Himmelblauem Spiegel schwimmt.

Leierklang aus Paradieses Fernen,
Harfenschwung aus angenehmern Sternen
Ras' ich in mein trunknes Ohr zu ziehn;
Meine Muse fühlt die Schäferstunde,
Wenn von deinem wollustheißen Munde
Silbertöne ungern fliehn.

Amoretten seh' ich Flügel schwingen,
Hinter dir die trunknen Fichten springen,
  Wie von Orpheu's Saitenruf belebt;
Rascher rollen um mich her die Pole,
Wenn im Wirbeltanze deine Sohle
  Flüchtig wie die Welle schwebt.

Deine Blicke – wenn sie Liebe lächeln,
Könnten Leben durch den Marmor fächeln,
  Felsenadern Pulse leihn;
Träume werden um mich her zu Wesen,
Kann ich nur in deinen Augen lesen:
  Laura, Laura mein!

Laura am Klavier.

Wenn dein Finger durch die Saiten meistert! –
Laura, itzt zur Statue entgeistert,
  Itzt entkörpert steh' ich da.
Du gebietest über Tod und Leben,
Mächtig, wie von tausend Nervgeweben
  Seelen fordert Philadelphia.

Ehrerbietig leiser rauschen
Dann die Lüfte, dir zu lauschen;
  Hingeschmiedet zum Gesang
  Stehn im ew'gen Wirbelgang,
Einzuziehn die Wonnefülle,
Lauschende Naturen stille.
  Zauberin! mit Tönen, wie
  Mich mit Blicken, zwingst du sie.

Seelenvolle Harmonien wimmeln,
  Ein wollustig Ungestüm,
Aus den Saiten, wie aus ihren Himmeln
  Neugeborne Seraphim;
Wie, des Chaos Riesenarm entronnen,
Aufgejagt vom Schöpfungssturm, die Sonnen
  Funkelnd fuhren aus der Nacht,
  Strömt der Töne Zaubermacht.

Lieblich itzt, wie über glatten Kieseln
Silberhelle Fluten rieseln,
  Majestätisch prächtig nun
  Wie des Donners Orgelton,
Stürmend von hinnen itzt, wie sich vom Felsen
Rauschende schäumende Gießbäche wälzen,
  Holdes Gesäusel bald,
    Schmeichlerisch linde,
  Wie durch den Espenwald
    Buhlende Winde –

Schwerer nun und melancholisch düster,
Wie durch toter Wüsten Schauernachtgeflüster,
Wo verlornes Heulen schweift,
Tränenwellen der Cocytus schleift.

Mädchen, sprich! Ich frage, gib mir Kunde:
Stehst mit höhern Geistern du im Bunde?
Ist's die Sprache, lüg mir nicht,
Die man in Elysen spricht?

Phantasie an Laura.

Meine Laura! Nenne mir den Wirbel,
Der an Körper Körper mächtig reißt!
Nenne, meine Laura, mir den Zauber,
Der zum Geist gewaltig zwingt den Geist!

Sieh! er lehrt die schwebenden Planeten
Ew'gen Ringgangs um die Sonne fliehn
Und, gleich Kindern um die Mutter hüpfend,
Bunte Zirkel um die Fürstin ziehn.

Durstig trinkt den goldnen Strahlenregen
Jedes rollende Gestirn,
Trinkt aus ihrem Feuerkelch Erquickung,
Wie die Glieder Leben vom Gehirn.

Sonnenstäubchen paart mit Sonnenstäubchen
Sich in trauter Harmonie,
Sphären ineinander lenkt die Liebe,
Weltsysteme dauern nur durch sie.

Tilge sie vom Uhrwerk der Naturen –
Trümmernd auseinander springt das All,
In das Chaos donnern eure Welten,
Weint, Newtone, ihren Riesenfall!

Tilg' die Göttin aus der Geister Orden,
Sie erstarren in der Körper Tod;
Ohne Liebe kehrt kein Frühling wieder,
Ohne Liebe preist kein Wesen Gott!

Und was ist's, das, wenn mich Laura küsset,
Purpurflammen auf die Wangen geußt,
Meinem Herzen raschern Schwung gebietet,
Fiebrisch wild mein Blut von hinnen reißt?

Aus den Schranken schwellen alle Sennen,
Seine Ufer überwallt das Blut,
Körper will in Körper überstürzen,
Lodern Seelen in vereinter Glut.

Gleich allmächtig wie dort in der toten
Schöpfung ew'gem Federtrieb
Herrscht im arachneischen Gewebe
Der empfindenden Natur die Lieb'.

Siehe, Laura, Fröhlichkeit umarmet
Wilder Schmerzen Überschwung,
An der Hoffnung Liebesbrust erwarmet
Starrende Verzweifelung.

Schwesterliche Wollust mildert
Düstrer Schwermut Schauernacht,
Und entbunden von den goldnen Kindern
Strahlt das Auge Sonnenpracht.

Waltet nicht auch durch des Übels Reiche
Fürchterliche Sympathie?
Mit der Hölle buhlen unsre Laster,
Mit dem Himmel grollen sie.

Um die Sünde flechten Schlangenwirbel
Scham und Reu, das Eumenidenpaar,
Um der Größe Adlerflügel windet
Sich verrätrisch die Gefahr.

Mit dem Stolze pflegt der Sturz zu tändeln,
Um das Glück zu klammern sich der Neid,
Ihrem Bruder Tode zuzuspringen,
Offnen Armes, Schwester Lüsternheit.

Mit der Liebe Flügel eilt die Zukunft
In die Arme der Vergangenheit,
Lange sucht der fliehende Saturnus
Seine Braut – die Ewigkeit.

Einst – so hör' ich das Orakel sprechen –
Einsten hascht Saturn die Braut:
Weltenbrand wird Hochzeitfackel werden,
Wenn mit Ewigkeit die Zeit sich traut.

Eine schönere Aurora rötet,
Laura, dann auch unsrer Liebe sich,
Die so lang' als Jener Brautnacht dauert –
Laura! Laura! freue dich!

Thekla.
Eine Geisterstimme.

Wo ich sei, und wo mich hingewendet,
Als mein flücht'ger Schatte dir entschwebt?
Hab' ich nicht beschlossen und geendet,
Hab' ich nicht geliebet und gelebt?

Willst du nach den Nachtigallen fragen,
Die mit seelenvoller Melodie
Dich entzückten in des Lenzes Tagen?
Nur solang' sie liebten, waren sie.

Ob ich den Verlorenen gefunden?
Glaube mir, ich bin mit ihm vereint,
Wo sich nicht mehr trennt,was sich verbunden,
Dort, wo keine Träne wird geweint.

Dorten wirst auch du uns wiederfinden,
Wenn dein Lieben unserm Lieben gleicht;
Dort ist auch der Vater, frei von Sünden,
Den der blut'ge Mord nicht mehr erreicht.

Und er fühlt, daß ihn kein Wahn betrogen,
Als er aufwärts zu den Sternen sah;
Denn wie jeder wägt, wird ihm gewogen,
Wer es glaubt, dem ist das Heil'ge nah.

Wort gehalten wird in jenen Räumen
Jedem schönen gläubigen Gefühl;
Wage du, zu irren und zu träumen:
Hoher Sinn liegt oft in kind'schem Spiel.

An Minna.

Träum' ich? Ist mein Auge trüber?
  Nebelt's mir ums Angesicht?
Meine Minna geht vorüber?
  Meine Minna kennt mich nicht?

Meine Minna, geht vorüber?

Meine Minna kennt micht nich ?

Die am Arme seichter Toren
   Blähend mit dem Fächer ficht,
Eitel in sich selbst verloren –

Meine Minna ist es nicht.

Von dem Sommerhute nicken
  Stolze Federn, mein Geschenk;
Schleifen, die den Busen schmücken,
  Rufen: Minna, sei gedenk!
Blumen, die ich selbst erzogen,
  Zieren Brust und Locken noch –
Ach, die Brust, die mir gelogen!
  Und die Blumen blühen doch!

Geh, umhüpft von leeren Schmeichlern!

Geh, vergiß auf ewig mich!
Überliefert feilen Heuchlern,
Eitles Weib, veracht' ich dich.
Geh! dir hat ein Herz geschlagen,
Dir ein Herz, das edel schlug,
Groß genug, den Schmerz zu tragen,
Daß es einer Törin schlug.

In den Trümmern deiner Schöne
Seh' ich dich verlassen stehn,
Weinend in die Blumenszene
Deines Mai's zurücke sehn.

Schwalben, die im Lenze minnen,
  Fliehen, wenn der Nordsturm weht;
Buhler scheucht dein Herbst von hinnen,
  Einen Freund hast du verschmäht.

Die mit heißem Liebesgeize
  Deinem Kuß entgegenflohn,
Zischen dem erloschnen Reize,
  Lachen deinem Winter Hohn.
Ha! wie will ich dann dich höhnen!
  Höhnen? Gott bewahre mich!
Weinen will ich bittre Tränen,
  Weinen, Minna, über dich!

Adieu
Anna!

Des Mädchens Klage.

Der Eichwald brauset, die Wolken ziehn,
Das Mägdlein sitzet an Ufers Grün,
Es bricht sich die Welle mit Macht, mit Macht,
Und sie seufzt hinaus in die finstre Nacht,
Das Auge von Weinen getrübet.

„Das Herz ist gestorben, die Welt ist leer,
Und weiter gibt sie dem Wunsche nichts mehr.
Du Heilige, rufe dein Kind zurück,
Ich habe genossen das irdische Glück,
Ich habe gelebt und geliebet!"

Es rinnet der Tränen vergeblicher Lauf,
Die Klage, sie wecket die Toten nicht auf;
Doch nenne, was tröstet und heilet die Brust
Nach der süßen Liebe verschwundener Lust,
Ich, die Himmlische will's nicht versagen.

„Laß rinnen der Tränen vergeblichen Lauf,
Es wecke die Klage den Toten nicht auf!
Das süßeste Glück für die trauernde Brust,
Nach der schönen Liebe verschwundener Lust,
Sind der Liebe Schmerzen und Klagen."

Der Jüngling am Bache.

An der Quelle saß der Knabe,
Blumen wand er sich zum Kranz,
Und er sah sie fortgerissen,
Treiben in der Wellen Tanz: –
Und so fliehen meine Tage
Wie die Quelle rastlos hin!
Und so bleichet meine Jugend,
Wie die Kränze schnell verblühn.

Fraget nicht, warum ich traure
In des Lebens Blütenzeit!
Alles freuet sich und hoffet,
Wenn der Frühling sich erneut.
Aber diese tausend Stimmen
Der erwachenden Natur
Wecken in dem tiefen Busen
Mir den schweren Kummer nur.

Was soll mir die Freude frommen,
  Die der schöne Lenz mir beut?
Eine nur ist's, die ich suche,
  Sie ist nah und ewig weit.
Sehnend breit' ich meine Arme
  Nach dem teuren Schattenbild,
Ach, ich kann es nicht erreichen,
  Und das Herz bleibt ungestillt!

Komm herab, du schöne Holde,
  Und verlaß dein stolzes Schloß!
Blumen, die der Lenz geboren,
  Streu' ich dir in deinen Schoß.
Horch, der Hain erschallt von Liedern,
  Und die Quelle rieselt klar!
Raum ist in der kleinsten Hütte
  Für ein glücklich liebend Paar.

Die Erwartung.

Hör' ich das Pförtchen nicht gehen?
Hat nicht der Riegel geklirrt?
  Nein, es war des Windes Wehen,
  Der durch diese Pappeln schwirrt.

O schmücke dich, du grün belaubtes Dach,
Du sollst die Anmutstrahlende empfangen!
Ihr Zweige, baut ein schattendes Gemach,
Mit holder Nacht sie heimlich zu umfangen!

Und all ihr Schmeichellüfte, werdet wach
Und scherzt und spielt um ihre Rosenwangen,
Wenn seine schöne Bürde, leicht bewegt,
Der zarte Fuß zum Sitz der Liebe trägt.

Stille, was schlüpft durch die Hecken
Raschelnd mit eilendem Lauf?
  Nein, es scheuchte nur der Schrecken
  Aus dem Busch den Vogel auf.

O lösche deine Fackel, Tag! Hervor,
Du geist'ge Nacht, mit deinem holden Schweigen!
Breit' um uns her den purpurroten Flor,
Umspinn uns mit geheimnisvollen Zweigen!
Der Liebe Wonne flieht des Lauschers Ohr,
Sie flieht des Strahles unbescheidnen Zeugen;
Nur Hesper, der verschwiegene, allein
Darf, still herblickend, ihr Vertrauter sein.

Rief es von ferne nicht leise,
Flüsternden Stimmen gleich?
Nein, der Schwan ist's, der die Kreise
Ziehet durch den Silberteich.

Mein Ohr umtönt ein Harmonienfluß,
Der Springquell fällt mit angenehmem Rauschen,
Die Blume neigt sich bei des Westes Kuß,
Und alle Wesen seh' ich Wonne tauschen,
Die Traube winkt, die Pfirsche zum Genuß,
Die üppig schwellend hinter Blättern lauschen;
Die Luft, getaucht in der Gewürze Flut,
Trinkt von der heißen Wange mir die Glut.

Hör' ich nicht Tritte erschallen?
Rauscht's nicht den Laubgang daher?
Nein, die Frucht ist dort gefallen,
Von der eignen Fülle schwer.

Des Tages Flammenauge selber bricht
In süßem Tod, und seine Farben blassen,
Kühn öffnen sich im holden Dämmerlicht
Die Kelche schon, die seine Gluten hassen,
Still hebt der Mond sein strahlend Angesicht,
Die Welt zerschmilzt in ruhig große Massen;
Der Gürtel ist von jedem Reiz gelöst,
Und alles Schöne zeigt sich mir entblößt.

Seh' ich nichts Weißes dort schimmern?
Glänzt's nicht wie seidnes Gewand?
Nein, es ist der Säule Flimmern
An der bunten Taxuswand.

O sehnend Herz, ergötze dich nicht mehr,
Mit süßen Bildern wesenlos zu spielen!
Der Arm, der sie umfassen will, ist leer,
Kein Schattenglück kann diesen Busen kühlen.
O führe mir die Lebende daher,
Laß ihre Hand, die zärtliche, mich fühlen,
Den Schatten nur von ihres Mantels Saum –
Und in das Leben tritt der hohle Traum.

Und leis, wie aus himmlischen Höhen
Die Stunde des Glückes erscheint,
So war sie genaht, ungesehen,
Und weckte mit Küssen den Freund.

Das Geheimnis der Reminiszenz.
An Laura.

Ewig starr an deinem Mund zu hangen,
Wer enthüllt mir dieses Glutverlangen?
Wer die Wollust, deinen Hauch zu trinken,
In dein Wesen, wenn sich Blicke winken,
Sterbend zu versinken?

Fliehen nicht, wie ohne Widerstreben
Sklaven an den Sieger sich ergeben,
Meine Geister hin im Augenblicke,
Stürmend über meines Lebens Brücke,
Wenn ich dich erblicke?

Sprich! warum entlaufen sie dem Meister?
Suchen dort die Heimat meine Geister?
Oder finden sich getrennte Brüder,
Losgerissen von dem Band der Glieder,
Dort bei dir sich wieder?

Waren unsre Wesen schon verflochten?
War es darum, daß die Herzen pochten?
Waren wir im Strahl erloschner Sonnen,
In den Tagen lang verrauschter Wonnen
Schon in Eins zerronnen?

Ja, wir waren's! – Innig mir verbunden
Warst du in Äonen, die verschwunden,
Meine Muse sah es auf der trüben
Tafel der Vergangenheit geschrieben:
Eins mit deinem Lieben!

Und in innig festverbundnem Wesen,
Also hab' ich's staunend dort gelesen,
Waren wir ein Gott, ein schaffend Leben,
Und uns ward, sie herrschend zu durchweben,
Frei die Welt gegeben.

Uns entgegen gossen Nektarquellen
Ewig strömend ihre Wollustwellen;
Mächtig lösten wir der Dinge Siegel,
Zu der Wahrheit lichtem Sonnenhügel
Schwang sich unser Flügel.

Weine, Laura! Dieser Gott ist nimmer,
Du und ich des Gottes schöne Trümmer,
Und in uns ein unersättlich Dringen,
Das verlorne Wesen einzuschlingen,
Gottheit zu erschwingen.

Darum, Laura, dieses Glutverlangen,
Ewig starr an deinem Mund zu hangen,
Und die Wollust, deinen Hauch zu trinken,
In dein Wesen, wenn sich Blicke winken,
Sterbend zu versinken.

Darum fliehn, wie ohne Widerstreben
Sklaven an den Sieger sich ergeben,
Meine Geister hin im Augenblicke,
Stürmend über meines Lebens Brücke,
Wenn ich dich erblicke.

Darum nur entlaufen sie dem Meister,
Ihre Heimat suchen meine Geister;
Losgerafft vom Kettenband der Glieder,
Küssen sich die langgetrennten Brüder
Wiederkennend wieder.

Und auch du – da mich dein Auge spähte,
Was verriet der Wangen Purpurröte?
Flohn wir nicht, als wären wir verwandter,
Freudig, wie zur Heimat ein Verbannter,
Glühend aneinander?

An Emma.

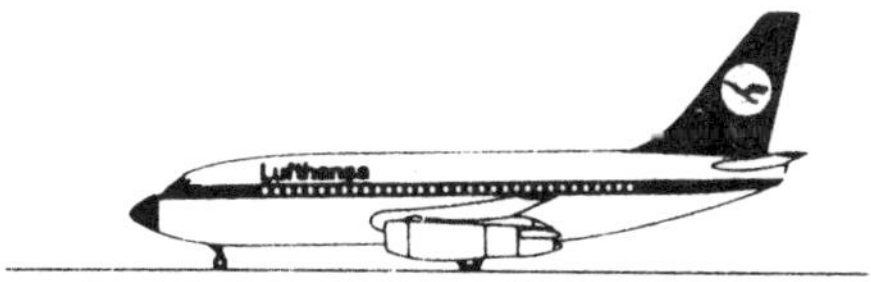

Weit in nebelgrauer Ferne
   Liegt mir das vergangne Glück,
Nur an einem schönen Sterne
   Weilt mit Liebe noch der Blick.
Aber, wie des Sternes Pracht,
Ist es nur ein Schein der Nacht.

Deckte dir der lange Schlummer,
   Dir der Tod die Augen zu,
Dich besäße doch mein Kummer,
   Meinem Herzen lebtest du.
Aber ach! du lebst im Licht,
Meiner Liebe lebst du nicht.

Kann der Liebe süß Verlangen,
   Emma, kann's vergänglich sein?
Was dahin ist und vergangen,
   Emma, kann's die Liebe sein?
Ihrer Flamme Himmelsglut,
Stirbt sie wie ein irdisch Gut?

Würde der Frauen.

Ehret die Frauen! Sie flechten und weben
Himmlische Rosen ins irdische Leben,
Flechten der Liebe beglückendes Band,
Und in der Grazie züchtigem Schleier
Nähren sie wachsam das ewige Feuer
Schöner Gefühle mit heiliger Hand.

Ewig aus der Wahrheit Schranken
Schweift des Mannes wilde Kraft,
Unstet treiben die Gedanken
Auf dem Meer der Leidenschaft.
Gierig greift er in die Ferne,
Nimmer wird sein Herz gestillt,
Rastlos durch entlegne Sterne
Jagt er seines Traumes Bild.

Aber mit zauberisch fesselndem Blicke
Winken die Frauen den Flüchtling zurücke,
Warnend zurück in der Gegenwart Spur.
In der Mutter bescheidener Hütte
Sind sie geblieben mit schamhafter Sitte,
Treue Töchter der frommen Natur.

Feindlich ist des Mannes Streben
Mit zermalmender Gewalt
Geht der wilde durch das Leben,
Ohne Rast und Aufenthalt.
Was er schuf, zerstört er wieder,
Nimmer ruht der Wünsche Streit,
Nimmer, wie das Haupt der Hyder
Ewig fällt und sich erneut.

Aber, zufrieden mit stillerem Ruhme,
Brechen die Frauen des Augenblicks Blume,
Nähren sie sorgsam mit liebendem Fleiß,
Freier in ihrem gebundenen Wirken,
Reicher als er in des Wissens Bezirken
Und in der Dichtung unendlichem Kreis.

Streng und stolz sich selbst genügend,
Kennt des Mannes kalte Brust,
Herzlich an ein Herz sich schmiegend,
Nicht der Liebe Götterlust,
Kennet nicht den Tausch der Seelen,
Nicht in Tränen schmilzt er hin,
Selbst des Lebens Kämpfe stählen
Härter seinen harten Sinn.

Aber, wie leise vom Zephyr erschüttert
Schnell die äolische Harfe erzittert,
Also die fühlende Seele der Frau,
Zärtlich geängstigt vom Bilde der Qualen,
Wallet der liebende Busen, es strahlen
Perlend die Augen von himmlischem Tau.

In der Männer Herrschgebiete
Gilt der Stärke trotzig Recht,
Mit dem Schwert beweist der Skythe,
Und der Perser wird zum Knecht.
Es befehden sich im Grimme
Die Begierden wild und roh,
Und der Eris rauhe Stimme
Waltet, wo die Charis floh.

Aber mit sanft überredender Bitte
Führen die Frauen den Zepter der Sitte,
Löschen die Zwietracht, die tobend entglüht,
Lehren die Kräfte, die feindlich sich hassen,
Sich in der lieblichen Form zu umfassen,
Und vereinen, was ewig sich flieht.

Amalia.

Schön wie Engel voll Walhallas Wonne,
  Schön vor allen Jünglingen war er,
Himmlisch mild sein Blick wie Maiensonne,
  Rückgestrahlt vom blauen Spiegelmeer.

Seine Küsse – paradiesisch Fühlen!
  Wie zwo Flammen sich ergreifen, wie
Harfentöne ineinander spielen
  Zu der himmelvollen Harmonie –

Stürzten, flogen, schmolzen Geist und Geist zusammen,
  Lippen, Wangen brannten, zitterten,
Seele rann in Seele – Erd' und Himmel schwammen
  Wie zerronnen um die Liebenden!

Er ist hin – vergebens, ach vergebens
  Stöhnet ihm der bange Seufzer nach!
Er ist hin, und alle Lust des Lebens
Wimmert hin in ein verlornes Ach!

IST DENN DAS LIED VON DER GLOCKE IMMER NOCH NICHT FERTIG, SCHILLER?
WIR SIND SCHON AUF SEITE 52!

KLEINE PAUSE

DAS LIED VON DER GLOCKE IST SCHILLERS BERÜHMTESTES GEDICHT. JEDER ESEL KENNT ES. ALSO: EINWANDFREIE BETONUNG.
WENN DIE ERSTE ZEILE KLAPPT, DANN LAUFEN AUCH DIE FOLGENDEN 424 ZEILEN. UND BITTE KEINE DUMMENSCHERZE, KEINE »KOMISCHEN EINLAGEN« KEINE KALAUER!

DIE GNOCKE. VON FRIEDRICH VON SCHINNER. VON SCHNULLER DIE KLINGEL. DIE SOCKE AUS LEHM GEBRANNT
WURM
WIR BITTEN NOCH UM ETWAS GEDULD.

MAKER
DISTIN
LONDON

Das Lied von der Glocke.
Vivos voco. Mortuos plango. Fulgura frango.
Fest gemauert in der Erden
Steht die Form, aus Lehm gebrannt.
Heute muß die Glocke werden!
Frisch, Gesellen, seid zur Hand!
Von der Stirne heiß
Rinnen muß der Schweiß,
Soll das Werk den Meister loben;
Doch der Segen kommt von oben.
LEV XXV X PROCLAIM
IN PHILAD BY ORDER OF THE
PASS & STOW
PHILAD
MDCCLIII

Zum Werke, das wir ernst bereiten,
Geziemt sich wohl ein ernstes Wort;
Wenn gute Reden sie begleiten,
Dann fließt die Arbeit munter fort.
So laßt uns jetzt mit Fleiß betrachten,
Was durch die schwache Kraft entspringt:
Den schlechten Mann muß man verachten,
Der nie bedacht, was er vollbringt.
Das ist's ja, was den Menschen zieret,
Und dazu ward ihm der Verstand,
Daß er im innern Herzen spüret,
Was er erschafft mit seiner Hand.

Nehmet Holz vom Fichtenstamme,
Doch recht trocken laßt es sein,
Daß die eingepreßte Flamme
Schlage zu dem Schwalch hinein!
Kocht des Kupfers Brei,
Schnell das Zinn herbei!
Daß die zähe Glockenspeise
Fließe nach der rechten Weise!

Was in des Dammes tiefer Grube
Die Hand mit Feuers Hilfe baut,
Hoch auf des Turmes Glockenstube,
Da wird es von uns zeugen laut.
Noch dauern wird's in späten Tagen
Und rühren vieler Menschen Ohr
Und wird mit dem Betrübten klagen
Und stimmen zu der Andacht Chor.
Was unten tief dem Erdensohne
Das wechselnde Verhängnis bringt,
Das schlägt an die metallne Krone,
Die es erbaulich weiter klingt.

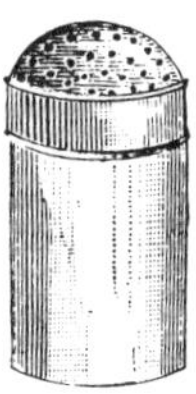

Weiße Blasen seh' ich springen,
Wohl! die Massen sind im Fluß.
Laßt's mit Aschensalz durchdringen,
Das befördert schnell den Guß.
Auch von Schaume rein
Muß die Mischung sein,
Daß vom reinlichen Metalle
Rein und voll die Stimme schalle.

Denn mit der Freude Feierklange
Begrüßt sie das geliebte Kind
Auf seines Lebens erstem Gange,
Den es in Schlafes Arm beginnt;
Ihm ruhen noch im Zeitenschoße
Die schwarzen und die heitern Lose,
Der Mutterliebe zarte Sorgen
Bewachen seinen goldnen Morgen. —
Die Jahre fliehen pfeilgeschwind.
Vom Mädchen reißt sich stolz der Knabe,
Er stürmt ins Leben wild hinaus,
Durchmißt die Welt am Wanderstabe.

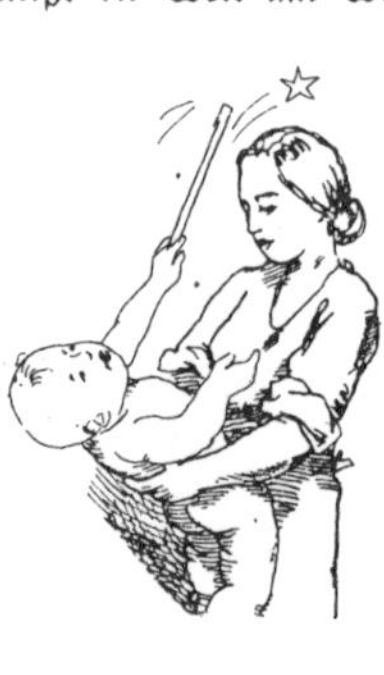

Fremd kehrt er heim ins Vaterhaus,
Und herrlich, in der Jugend Prangen,
Wie ein Gebild aus Himmels Höhn,
Mit züchtigen, verschämten Wangen
Sieht er die Jungfrau vor sich stehn.

Da faßt ein namenloses Sehnen
Des Jünglings Herz, er irrt allein,
Aus seinen Augen brechen Tränen,
Er flieht der Brüder wilden Reihn.
Errötend folgt er ihren Spuren
Und ist von ihrem Gruß beglückt,
Das Schönste sucht er auf den Fluren,
Womit er seine Liebe schmückt.
O zarte Sehnsucht, süßes Hoffen,
Der ersten Liebe goldne Zeit!
Das Auge sieht den Himmel offen,
Es schwelgt das Herz in Seligkeit —
O daß sie ewig grünen bliebe,
Die schöne Zeit der jungen Liebe!

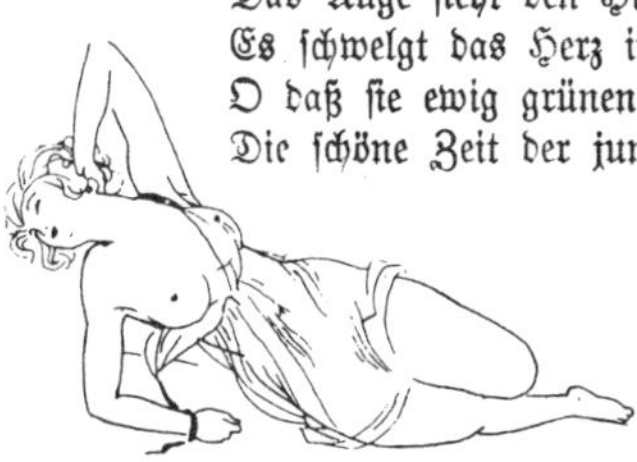

Wie sich schon die Pfeifen bräunen!
Dieses Stäbchen tauch' ich ein:
Sehn wir's überglast erscheinen,
Wird's zum Gusse zeitig sein.
Jetzt, Gesellen, frisch!
Prüft mir das Gemisch,
Ob das Spröde mit dem Weichen
Sich vereint zum guten Zeichen.

Denn wo das Strenge mit dem Zarten,
Wo Starkes sich und Mildes paarten,
Da gibt es einen guten Klang.
Drum prüfe, wer sich ewig bindet,
Ob sich das Herz zum Herzen findet!
Der Wahn ist kurz, die Reu' ist lang. —
Lieblich in der Bräute Locken
Spielt der jungfräuliche Kranz,
Wenn die hellen Kirchenglocken
Laden zu des Festes Glanz.

Ach! des Lebens schönste Feier
Endigt auch den Lebensmai,
Mit dem Gürtel, mit dem Schleier
Reißt der schöne Wahn entzwei.
Die Leidenschaft flieht,
Die Liebe muß bleiben;
Die Blume verblüht,
Die Frucht muß treiben.
Der Mann muß hinaus
Ins feindliche Leben,
Muß wirken und streben
Und pflanzen und schaffen,
Erlisten, erraffen,
Muß wetten und wagen,
Das Glück zu erjagen.
Da strömet herbei die unendliche Gabe,
Es füllt sich der Speicher mit köstlicher Habe,
Die Räume wachsen, es dehnt sich das Haus.
Und drinnen waltet
Die züchtige Hausfrau,
Die Mutter der Kinder,
Und herrschet weise
Im häuslichen Kreise,
Und lehret die Mädchen

Und wehret den Knaben,
Und reget ohn' Ende
Die fleißigen Hände,
Und mehrt den Gewinn
Mit ordnendem Sinn,
Und füllet mit Schätzen die duftenden Laden,
Und dreht um die schnurrende Spindel den Faden,
Und sammelt im reinlich geglätteten Schrein
Die schimmernde Wolle, den schneeigten Lein,
Und füget zum Guten den Glanz und den Schimmer,
Und ruhet nimmer.

Und der Vater mit frohem Blick
Von des Hauses weitschauendem Giebel
Überzählet sein blühend Glück,
Siehet der Pfosten ragende Bäume
Und der Scheunen gefüllte Räume
Und die Speicher, vom Segen gebogen,
Und des Kornes bewegte Wogen,
Rühmt sich mit stolzem Mund:
Fest, wie der Erde Grund,
Gegen des Unglücks Macht
Steht mir des Hauses Pracht! —
Doch mit des Geschickes Mächten
Ist kein ew'ger Bund zu flechten,
Und das Unglück schreitet schnell.

Wohl! nun kann der Guß beginnen,
Schön gezacket ist der Bruch.
Doch, bevor wir's lassen rinnen,
Betet einen frommen Spruch.
Stoßt den Zapfen aus!
Gott bewahr' das Haus!
Rauchend in des Henkels Bogen
Schießt's mit feuerbraunen Wogen.

Wohltätig ist des Feuers Macht,
Wenn sie der Mensch bezähmt, bewacht,
Und was er bildet, was er schafft,
Das dankt er dieser Himmelskraft;

Doch furchtbar wird die Himmelskraft,
Wenn sie der Fessel sich entrafft,
Einhertritt auf der eignen Spur
Die freie Tochter der Natur.
Wehe, wenn sie losgelassen,
Wachsend ohne Widerstand
Durch die volkbelebten Gassen
Wälzt den ungeheuren Brand!
Denn die Elemente hassen
Das Gebild der Menschenhand.
Aus der Wolke
Quillt der Segen,
Strömt der Regen;
Aus der Wolke, ohne Wahl,
Zuckt der Strahl!
Hört ihr's wimmern hoch vom Turm!
Das ist Sturm!
Rot wie Blut
Ist der Himmel,
Das ist nicht des Tages Glut!
Welch Getümmel
Straßen auf!
Dampf wallt auf!
Flackernd steigt die Feuersäule,
Durch der Straße lange Zeile
Wächst es fort mit Windeseile,
Kochend wie aus Ofens Rachen
Glühn die Lüfte, Balken krachen,
Pfosten stürzen, Fenster klirren,
Kinder jammern, Mütter irren,
Tiere wimmern
Unter Trümmern,
Alles rennet, rettet, flüchtet,
Taghell ist die Nacht gelichtet.
Durch der Hände lange Kette
Um die Wette
Fliegt der Eimer, hoch im Bogen
Spritzen Quellen, Wasserwogen.
Heulend kommt der Sturm geflogen,
Der die Flamme brausend sucht.
Prasselnd in die dürre Frucht

SIE
SIND AUF DER HÄLFTE
DES LIEDES VON DER GLOCKE
ANGEKOMMEN. KOMPLIMENT.
SIE VERFÜGEN ÜBER EINEN
STARKEN WILLEN+EINE AUSGE=
ZEICHNETE GEISTIGE KONDITION.
ZUR IMMER WIEDER GESTELL-
TEN FRAGE »WIE LESE
ICH EIN GEDICHT?«:
IM GEGENSATZ
ZUR ILLUSTRIERTEN
AM BESTEN VON
VORN NACH
HINTEN.

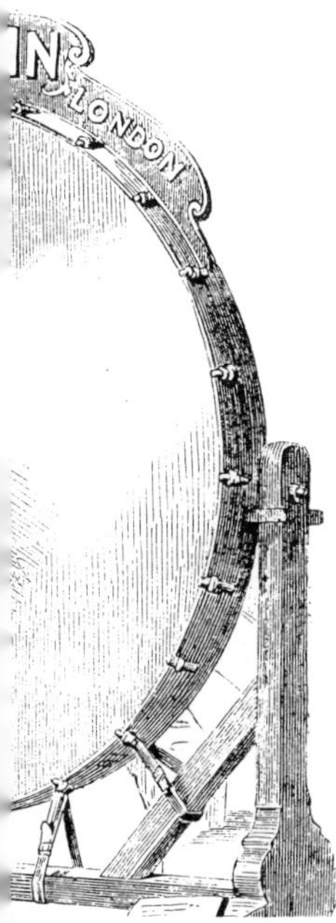
LONDON

Fällt sie, in des Speichers Räume,
In der Sparren dürre Bäume,
Und als wollte sie im Wehen
Mit sich fort der Erde Wucht
Reißen in gewalt'ger Flucht,
Wächst sie in des Himmels Höhen
Riesengroß!
Hoffnungslos
Weicht der Mensch der Götterstärke,
Müßig sieht er seine Werke
Und bewundernd untergehen.

Leergebrannt
Ist die Stätte,
Wilder Stürme rauhes Bette;
In den öden Fensterhöhlen
Wohnt das Grauen,
Und des Himmels Wolken schauen
Hoch hinein.

Einen Blick
Nach dem Grabe
Seiner Habe
Sendet noch der Mensch zurück —
Greift fröhlich dann zum Wanderstabe.
Was Feuers Wut ihm auch geraubt,
Ein süßer Trost ist ihm geblieben:
Er zählt die Häupter seiner Lieben,
Und sieh! ihm fehlt kein teures Haupt.

In die Erd' ist's aufgenommen,
Glücklich ist die Form gefüllt;
Wird's auch schön zu Tage kommen,
Daß es Fleiß und Kunst vergilt?
Wenn der Guß mißlang?
Wenn die Form zersprang?
Ach! vielleicht, indem wir hoffen,
Hat uns Unheil schon getroffen.

Dem dunkeln Schoß der heil'gen Erde
Vertrauen wir der Hände Tat,
Vertraut der Sämann seine Saat
Und hofft, daß sie entkeimen werde
Zum Segen nach des Himmels Rat.
Noch köstlicheren Samen bergen
Wir trauernd in der Erde Schoß
Und hoffen, daß er aus den Särgen
Erblühen soll zu schönerm Los.

Von dem Dome,
Schwer und bang,
Tönt die Glocke
Grabgesang.

Ernst begleiten ihre Trauerschläge
Einen Wandrer auf dem letzten Wege.

Ach! die Gattin ist's, die teure,
Ach! es ist die treue Mutter,
Die der schwarze Fürst der Schatten
Wegführt aus dem Arm des Gatten,
Aus der zarten Kinder Schar,
Die sie blühend ihm gebar,
Die sie an der treuen Brust
Wachsen sah mit Mutterlust —
Ach! des Hauses zarte Bande
Sind gelöst auf immerdar,
Denn sie wohnt im Schattenlande,
Die des Hauses Mutter war,
Denn es fehlt ihr treues Walten,
Ihre Sorge wacht nicht mehr,
An verwaister Stätte schalten
Wird die Fremde, liebeleer.

Bis die Glocke sich verkühlet,
Laßt die strenge Arbeit ruhn;
Wie im Laub der Vogel spielet,
Mag sich jeder gütlich tun.
Winkt der Sterne Licht,
Ledig aller Pflicht
Hört der Pursch die Vesper schlagen,
Meister muß sich immer plagen.

Munter fördert seine Schritte
Fern im wilden Forst der Wandrer
Nach der lieben Heimathütte.
Blöckend ziehen heim die Schafe,
Und der Rinder
Breitgestirnte, glatte Scharen
Kommen brüllend,
Die gewohnten Ställe füllend.
Schwer herein
Schwankt der Wagen,
Kornbeladen;

Bunt von Farben
Auf den Garben
Liegt der Kranz,
Und das junge Volk der Schnitter
Fliegt zum Tanz.
Markt und Straße werden stiller,
Um des Lichts gesell'ge Flamme
Sammeln sich die Hausbewohner,
Und das Stadttor schließt sich knarrend.
Schwarz bedecket
Sich die Erde,
Doch den sichern Bürger schrecket
Nicht die Nacht,
Die den Bösen gräßlich wecket,
Denn das Auge des Gesetzes wacht.

Heil'ge Ordnung, segenreiche
Himmelstochter, die das Gleiche
Frei und leicht und freudig bindet,
Die der Städte Bau gegründet,
Die herein von den Gefilden

Rief den ungesell'gen Wilden,
Eintrat in der Menschen Hütten,
Sie gewöhnt zu sanften Sitten
Und das teuerste der Bande
Wob, den Trieb zum Vaterlande!

Tausend fleiß'ge Hände regen,
Helfen sich in munterm Bund,
Und in feurigem Bewegen
Werden alle Kräfte kund.
Meister rührt sich und Geselle
In der Freiheit heil'gem Schutz,
Jeder freut sich seiner Stelle,
Bietet dem Verächter Trutz.
Arbeit ist des Bürgers Zierde,
Segen ist der Mühe Preis;
Ehrt den König seine Würde,
Ehret uns der Hände Fleiß.

Holder Friede,
Süße Eintracht,
Weilet, weilet
Freundlich über dieser Stadt!
Möge nie der Tag erscheinen,
Wo des rauhen Krieges Horden
Dieses stille Tal durchtoben,
Wo der Himmel,
Den des Abends sanfte Röte
Lieblich malt,
Von der Dörfer, von der Städte
Wildem Brande schrecklich strahlt!

Nun zerbrecht mir das Gebäude,
Seine Absicht hat's erfüllt,
Daß sich Herz und Auge weide
An dem wohlgelungnen Bild.
Schwingt den Hammer, schwingt,
Bis der Mantel springt!
Wenn die Glock' soll auferstehen,
Muß die Form in Stücken gehen.

Der Meister kann die Form zerbrechen
Mit weiser Hand, zur rechten Zeit,
Doch wehe, wenn in Flammenbächen
Das glühnde Erz sich selbst befreit!
Blindwütend, mit des Donners Krachen,
Zersprengt es das geborstne Haus,
Und wie aus offnem Höllenrachen
Speit es Verderben zündend aus.
Wo rohe Kräfte sinnlos walten,
Da kann sich kein Gebild gestalten;
Wenn sich die Völker selbst befrein,
Da kann die Wohlfahrt nicht gedeihn.

Weh, wenn sich in dem Schoß der Städte
Der Feuerzunder still gehäuft,
Das Volk, zerreißend seine Kette,
Zur Eigenhilfe schrecklich greift!

Da zerret an der Glocke Strängen
Der Aufruhr, daß sie heulend schallt
Und, nur geweiht zu Friedensklängen,
Die Losung anstimmt zur Gewalt.

Freiheit und Gleichheit! hört man schallen,
Der ruh'ge Bürger greift zur Wehr,
Die Straßen füllen sich, die Hallen,
Und Würgerbanden ziehn umher;
Da werden Weiber zu Hyänen
Und treiben mit Entsetzen Scherz,
Noch zuckend, mit des Panthers Zähnen,
Zerreißen sie des Feindes Herz.
Nichts Heiliges ist mehr, es lösen
Sich alle Bande frommer Scheu,
Der Gute räumt den Platz dem Bösen,
Und alle Laster walten frei.
Gefährlich ist's, den Leu zu wecken,
Verderblich ist des Tigers Zahn,
Jedoch der schrecklichste der Schrecken,
Das ist der Mensch in seinem Wahn.
Weh denen, die dem Ewigblinden
Des Lichtes Himmelsfackel leihn!

Sie strahlt ihm nicht, sie kann nur zünden
Und äschert Städt' und Länder ein.

Freude hat mir Gott gegeben!
Sehet! wie ein goldner Stern
Aus der Hülse, blank und eben,
Schält sich der metallne Kern.
Von dem Helm zum Kranz
Spielt's wie Sonnenglanz,
Auch des Wappens nette Schilder
Loben den erfahrnen Bilder.

Herein! herein!
Gesellen alle, schließt den Reihen,
Daß wir die Glocke taufend weihen!
Concordia soll ihr Name sein.
Zur Eintracht, zu herzinnigem Vereine
Versammle sie die liebende Gemeine.

Und dies sei fortan ihr Beruf,
Wozu der Meister sie erschuf:
Hoch überm niedern Erdenleben
Soll sie in blauem Himmelszelt
Die Nachbarin des Donners schweben
Und grenzen an die Sternenwelt,
Soll eine Stimme sein von oben
Wie der Gestirne helle Schar,
Die ihren Schöpfer wandelnd loben
Und führen das bekränzte Jahr.
Nur ewigen und ernsten Dingen
Sei ihr metallner Mund geweiht,
Und stündlich mit den schnellen Schwingen
Berühr' im Fluge sie die Zeit;
Dem Schicksal leihe sie die Zunge,
Selbst herzlos, ohne Mitgefühl,
Begleite sie mit ihrem Schwunge
Des Lebens wechselvolles Spiel.
Und wie der Klang im Ohr vergehet,
Der mächtig tönend ihr entschallt,
So lehre sie, daß nichts bestehet,
Daß alles Irdische verhallt.

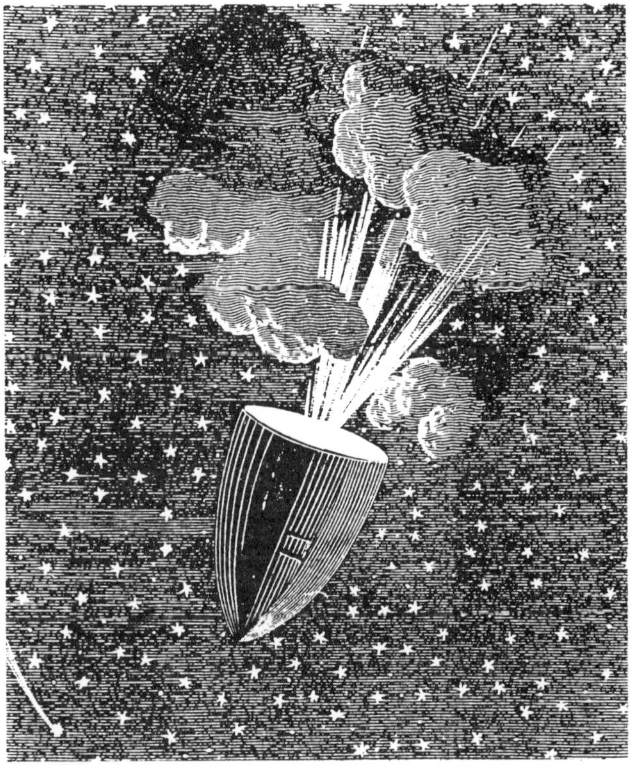

Jetzo mit der Kraft des Stranges
Wiegt die Glock' mir aus der Gruft,
Daß sie in das Reich des Klanges
Steige, in die Himmelsluft.
Ziehet, ziehet, hebt!
Sie bewegt sich, schwebt.
Freude dieser Stadt bedeute,
Friede sei ihr erst Geläute.

WIR
GABEN SOEBEN
DAS LIED VON DER
LOCKE. VON NOTRE
DAME. DEN GLÖCKNER
VON SCHILLER. VON
FRIEDRICH VON
GLOCKE.

ES FOLGT NUN AUS TOM CARLOS DER TURNSCHUH. DER HAND= STAND VON KÖNIG FRANZ. ANSCHLIESSEND TANZ.
BITTE NOCH EINMAL DAS LIED VON DER SOCKE.
NUR NOCH EIN= MAL VORHER DIE GLOCKE!

Der Handschuh.

Vor seinem Löwengarten,
Das Kampfspiel zu erwarten,
Saß König Franz,
Und um ihn die Großen der Krone,
Und rings auf hohem Balkone
Die Damen in schönem Kranz.

Und wie er winkt mit dem Finger,
Auf tut sich der weite Zwinger,
Und hinein mit bedächtigem Schritt
Ein Löwe tritt

Und sieht sich stumm
Rings um,

Mit langem Gähnen,
Und schüttelt die Mähnen
Und streckt die Glieder

Und legt sich nieder.

Und der König winkt wieder,
Da öffnet sich behend
Ein zweites Tor,
Daraus rennt
Mit wildem Sprunge
Ein Tiger hervor.
Wie der den Löwen erschaut,
Brüllt er laut,
Schlägt mit dem Schweif
Einen furchtbaren Reif
Und recket die Zunge,
Und im Kreise scheu
Umgeht er den Leu
Grimmig schnurrend,
Drauf streckt er sich murrend
Zur Seite nieder.

Und der König winkt wieder,
Da speit das doppelt geöffnete Haus
Zwei Leoparden auf einmal aus,

Die stürzen mit mutiger Kampfbegier
Auf das Tigertier;
Das packt sie mit seinen grimmigen Tatzen,
Und der Leu mit Gebrüll
Richtet sich auf – da wird's still,
Und herum im Kreis,
Von Mordsucht heiß,
Lagern sich die greulichen Katzen.

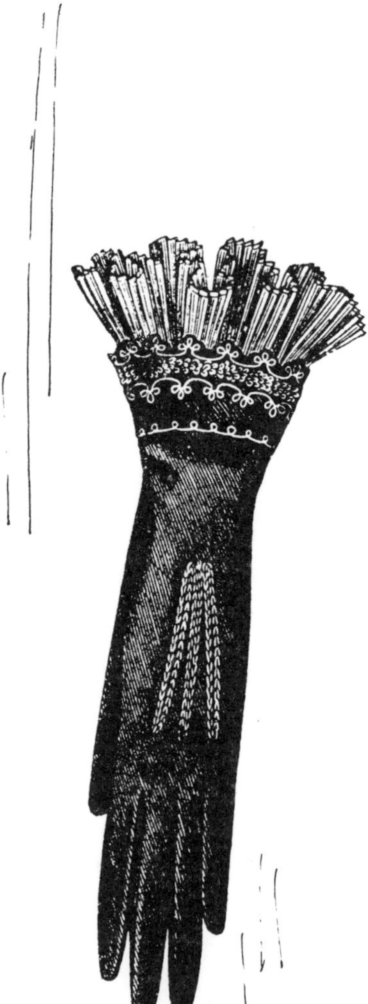

Da fällt von des Altans Rand
Ein Handschuh von schöner Hand
Zwischen den Tiger und den Leun
Mitten hinein.

Und zu Ritter Delorges spottender Weis'
Wendet sich Fräulein Kunigund:
„Herr Ritter, ist Eure Lieb' so heiß,
Wie Ihr mir's schwört zu jeder Stund,
Ei so hebt mir den Handschuh auf."

Und der Ritter in schnellem Lauf
Steigt hinab in den furchtbarn Zwinger
Mit festem Schritte,
Und aus der Ungeheuer Mitte
Nimmt der den Handschuh mit keckem Finger.

Und mit Erstaunen und mit Grauen
Sehen's die Ritter und Edelfrauen,
Und gelassen bringt er den Handschuh zurück.
Da schallt ihm sein Lob aus jedem Munde,

Aber mit zärtlichem Liebesblick –
Er verheißt ihm sein nahes Glück –

Empfängt ihn Fräulein Kunigunde.
Und er wirft ihr den Handschuh ...

Und er wirft ihr den Handschuh ins Gesicht:

„Den Dank, Dame, begehr' ich nicht!"

Und verläßt sie zur selben Stunde.

ALSO, WENN DU NOCH EIN EINZIGES MAL DIE ZICKIGE NUMMER MIT DEM HANDSCHUH ABZIEHST, SOLLTEN WIR ERNSTHAFT DAR= ÜBER DISKUTIEREN, OB WIR UNSERE PARTNER= ZENTRIERTE ZWEIER= BEZIEHUNG NICHT EVENTUELL IN FRAGE STELLEN MÜSSEN.

DER TAUCHER

← KLASSISCHER
NATURTAUCHER,
VEGETARIST.
SPANISCHER MUSIKALTAUCHER ↑ (WASSERMUNDHAR=
MONIKA) AUS DER SCHWARZWURZELKLINIK.
SCHWEIZER
OFFIZIERSTAUCHER →
DER EIDGENÖSSISCHEN
BUNDESBAHN.
(IN KRIEGS
ZEITEN DER
REITENDEN
GEBIRGSMARINE
VON ST. BERNARDO
UNTERSTELLT.)

Der Taucher.

„Wer wagt es, Rittersmann oder Knapp,
Zu tauchen in diesen Schlund?
Einen goldnen Becher werf' ich hinab.
Verschlungen schon hat ihn der schwarze Mund.
Wer mir den Becher kann wieder zeigen,
Er mag ihn behalten, er ist sein eigen."

Der König spricht es und wirft von der Höh'
Der Klippe, die schroff und steil
Hinaushängt in die unendliche See,
Den Becher in der Charybde Geheul.
„Wer ist der Beherzte, ich frage wieder,
Zu tauchen in diese Tiefe nieder?"

Und die Ritter, die Knappen um ihn her
Vernehmen's und schweigen still,
Sehen hinab in das wilde Meer,
Und keiner den Becher gewinnen will.
Und der König zum drittenmal wieder fraget:
„Ist keiner, der sich hinunter waget?"

Doch alles noch stumm bleibt wie zuvor,
Und ein Edelknecht, sanft und keck,
Tritt aus der Knappen zagendem Chor,
Und den Gürtel wirft er, den Mantel weg,
Und alle die Männer umher und Frauen
Auf den herrlichen Jüngling verwundert schauen.

Und wie er tritt an des Felsen Hang
Und blickt in den Schlund hinab,
Die Wasser, die sie hinunterschlang,
Die Charybde jetzt brüllend wiedergab,
Und wie mit des fernen Donners Getose
Entstürzen sie schäumend dem finstern Schoße.

Und es wallet und siedet und brauset und zischt,
Wie wenn Wasser mit Feuer sich mengt,
Bis zum Himmel spritzet der dampfende Gischt,
Und Flut auf Flut sich ohn' Ende drängt,
Und will sich nimmer erschöpfen und leeren,
Als wollte das Meer noch ein Meer gebären.

Doch endlich, da legt sich die wilde Gewalt,
Und schwarz aus dem weißen Schaum
Klafft hinunter ein gähnender Spalt,
Grundlos, als ging's in den Höllenraum,
Und reißend sieht man die brandenden Wogen
Hinab in den strudelnden Trichter gezogen.

Jetzt schnell, eh' die Brandung wiederkehrt,
Der Jüngling sich Gott befiehlt,
Und – ein Schrei des Entsetzens wird rings gehört,
Und schon hat ihn der Wirbel hinweggespült,
Und geheimnisvoll über dem kühnen Schwimmer
Schließt sich der Rachen, er zeigt sich nimmer.

Und stille wird's über dem Wasserschlund,
In der Tiefe nur brauset es hohl,
Und bebend hört man von Mund zu Mund:
„Hochherziger Jüngling, fahre wohl!"
Und hohler und hohler hört man's heulen,
Und es harrt noch mit bangem, mit schrecklichem Weilen.

Und wärfst du die Krone selber hinein
Und sprächst: wer mir bringet die Kron',
Er soll sie tragen und König sein –
Mich gelüstete nicht nach dem teuren Lohn.
Was die heulende Tiefe da unten verhehle,
Das erzählt keine lebende glückliche Seele.

Wohl manches Fahrzeug, vom Strudel gefaßt,
Schoß gäh in die Tiefe hinab,
Doch zerschmettert nur rangen sich Kiel und Mast
Hervor aus dem alles verschlingenden Grab. –
Und heller und heller, wie Sturmes Sausen.
Hört man's näher und immer näher brausen.

Und es wallet und siedet und brauset und zischt,
Wie wenn Wasser mit Feuer sich mengt,
Bis zum Himmel spritzet der dampfende Gischt,
Und Well' auf Well' sich ohn' Ende drängt,
Und wie mit des fernen Donners Getose
Entstürzt es brüllend dem finstern Schoße.

Und sieh! aus dem finster flutenden Schoß
Da hebet sich's schwanenweiß,
Und ein Arm und ein glänzender Nacken wird bloß,
Und es rudert mit Kraft und mit emsigem Fleiß,
Und er ist's, und hoch in seiner Linken
Schwingt er den Becher mit freudigem Winken.

Und atmete lang' und atmete tief
Und begrüßte das himmlische Licht.
Mit Frohlocken es einer dem andern rief:
„Er lebt! Er ist da! Es behielt ihn nicht!
Aus dem Grab, aus der strudelnden Wasserhöhle
Hat der Brave gerettet die lebende Seele."

Und er kommt, es umringt ihn die jubelnde Schar,
Zu des Königs Füßen er sinkt,
Den Becher reicht er ihm knieend dar,
Und der König der lieblichen Tochter winkt,
Die füllt ihn mit funkelndem Wein bis zum Rande,
Und der Jüngling sich also zum König wandte:

„Lang' lebe der König! Es freue sich,
Wer da atmet im rosigten Licht!
Da unten aber ist's fürchterlich,
Und der Mensch versuche die Götter nicht
Und begehre nimmer und nimmer zu schauen,
Was sie gnädig bedecken mit Nacht und Grauen.

„Es riß mich hinunter blitzesschnell –
Da stürzt' mir aus felsigtem Schacht
Wildflutend entgegen ein reißender Quell:
Mich packte des Doppelstroms wütende Macht,
Und wie einen Kreisel mit schwindelndem Drehen
Trieb mich's um, ich konnte nicht widerstehen.

„Da zeigte mir Gott, zu dem ich rief
In der höchsten schrecklichen Not,
Aus der Tiefe ragend ein Felsenriff,
Das erfaßt' ich behend und entrann dem Tod –
Und da hing auch der Becher an spitzen Korallen,
Sonst wär' er ins Bodenlose gefallen.

„Denn unter mir lag's noch, bergetief,
In purpurner Finsternis da,
Und ob's hier dem Ohre gleich ewig schlief,
Das Auge mit Schaudern hinuntersah,
Wie's von Salamandern und Molchen und Drachen
Sich regt' in dem furchtbaren Höllenrachen.

„Schwarz wimmelten da, in grausem Gemisch,
Zu scheußlichen Klumpen geballt,
Der stachligte Roche, der Klippenfisch,
Des Hammers greuliche Ungestalt,
Und dräuend wies mir die grimmigen Zähne
Der entsetzliche Hai, des Meeres Hyäne.

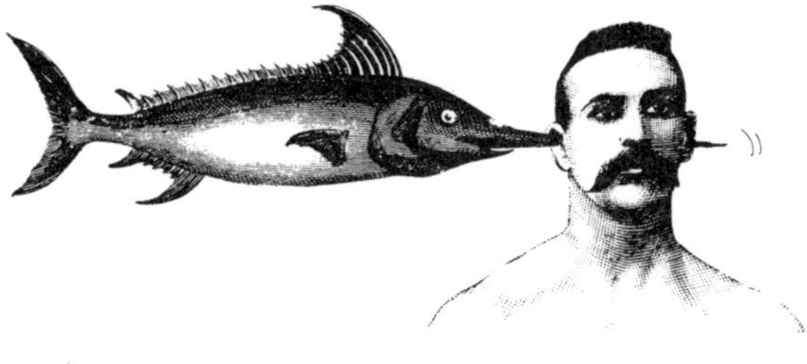

„Und da hing ich und war's mir mit Grausen bewußt,
Von der menschlichen Hilfe so weit,
Unter Larven die einzige fühlende Brust,
Allein in der gräßlichen Einsamkeit,
Tief unter dem Schall der menschlichen Rede
Bei den Ungeheuern der traurigen Öde.

„Und schaudernd dacht' ich's, da kroch's heran,
Regte hundert Gelenke zugleich,
Will schnappen nach mir – in des Schreckens Wahn
Lass' ich los der Koralle umklammerten Zweig;
Gleich faßt mich der Strudel mit rasendem Toben,
Doch es war mir zum Heil, er riß mich nach oben."

Der König darob sich verwundert schier
Und spricht: „Der Becher ist dein,
Und diesen Ring noch bestimm' ich dir,
Geschmückt mit dem köstlichsten Edelgestein,
Versuchst du's noch einmal und bringst mir Kunde,
Was du sahst auf des Meers tiefunterstem Grunde."

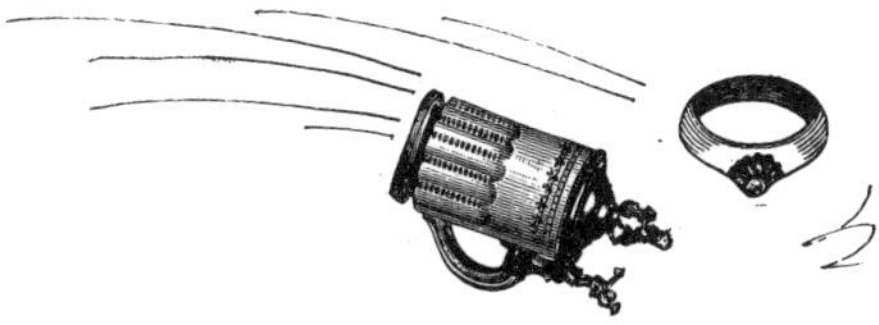

Das hörte die Tochter mit weichem Gefühl,
Und mit schmeichelndem Munde sie fleht:
„Laßt, Vater, genug sein das grausame Spiel!
Er hat Euch bestanden, was keiner besteht,
Und könnt Ihr des Herzens Gelüsten nicht zähmen,
So mögen die Ritter den Knappen beschämen."

Drauf der König greift nach dem Becher schnell,
In den Strudel ihn schleudert hinein:
„Und schaffst du den Becher mir wieder zur Stell',
So sollst du der trefflichste Ritter mir sein
Und sollst sie als Ehgemahl heut' noch umarmen,
Die jetzt für dich bittet mit zartem Erbarmen."

Da ergreift's ihm die Seele mit Himmelsgewalt,
Und es blitzt aus den Augen ihm kühn,
Und er siehet erröten die schöne Gestalt
Und sieht sie erbleichen und sinken hin –
Da treibt's ihn, den köstlichen Preis zu erwerben,
Und stürzt hinunter auf Leben und Sterben.

Wohl hört man die Brandung, wohl kehrt sie zurück,
Sie verkündigt der donnernde Schall –
Da bückt sich's hinunter mit liebendem Blick:
Es kommen, es kommen die Wasser all,
Sie rauschen herauf, sie rauschen nieder,
Den Jüngling bringt keines wieder.

Ritter Toggenburg.

„Ritter, treue Schwesterliebe
  Widmet Euch dies Herz,
Fordert keine andre Liebe,
  Denn es macht mir Schmerz.
Ruhig mag ich Euch erscheinen,
  Ruhig gehen sehn;
Eurer Augen stilles Weinen
  Kann ich nicht verstehn.“

Und er hört's mit stummem Harme,
Reißt sich blutend los,
Preßt sie heftig in die Arme,
Schwingt sich auf sein Roß,
Schickt zu seinen Mannen allen
In dem Lande Schweiz;
Nach dem heil'gen Grab sie wallen,
Auf der Brust das Kreuz.

Große Taten dort geschehen
Durch der Helden Arm,
Ihres Helmes Büsche wehen
In der Feinde Schwarm,
Und des Toggenburgers Name
Schreckt den Muselmann;
Doch das Herz von seinem Grame
Nicht genesen kann.

Und ein Jahr hat er's getragen,
Trägt's nicht länger mehr,
Ruhe kann er nicht erjagen
Und verläßt das Heer,
Sieht ein Schiff an Joppes Strande,
Das die Segel bläht,
Schiffet heim zum teuren Lande,
Wo ihr Atem weht.

Und an ihres Schlosses Pforte
Klopft der Pilger an,
Ach! und mit dem Donnerworte
Wird sie aufgetan:
„Die Ihr suchet, trägt den Schleier,
Ist des Himmels Braut,
Gestern war des Tages Feier.
Der sie Gott getraut.“

Da verlässet er auf immer
Seiner Väter Schloß,
Seine Waffen sieht er nimmer
Noch sein treues Roß,
Von der Toggenburg hernieder
Steigt er unbekannt,
Denn es deckt die edlen Glieder
Härenes Gewand.

Und erbaut sich eine Hütte
Jener Gegend nah,
Wo das Kloster aus der Mitte
Düstrer Linden sah;
Harrend von des Morgens Lichte
Bis zu Abends Schein,
Stille Hoffnung im Gesichte,
Saß er da allein.

Blickte nach dem Kloster drüben,
  Blickte stundenlang
Nach dem Fenster seiner Lieben,
  Bis das Fenster klang,
Bis die Liebliche sich zeigte,
  Bis das teure Bild
Sich ins Tal herunterneigte,
  Ruhig, engelmild.

Und dann legt' er froh sich nieder,
  Schlief getröstet ein,
Still sich freuend, wenn es wieder
  Morgen würde sein.
Und so saß er viele Tage,
  Saß viel Jahre lang,
Harrend ohne Schmerz und Klage,
  Bis das Fenster klang,

Bis die Liebliche sich zeigte,
  Bis das teure Bild
Sich ins Tal herunterneigte,
  Ruhig, engelmild.
Und so saß er, eine Leiche,
  Eines Morgens da,
Nach dem Fenster noch das bleiche
  Stille Antlitz sah.

Das Geheimnis.

Sie konnte mir kein Wörtchen sagen,
Zu viele Lauscher waren wach,
Den Blick nur durft' ich schüchtern fragen,
Und wohl verstand ich, was er sprach.
Leis komm' ich her in deine Stille,
Du schön belaubtes Buchenzelt,
Verbirg in deiner grünen Hülle
Die Liebenden dem Aug' der Welt!

Von ferne mit verworrnem Sausen
  Arbeitet der geschäft'ge Tag,
Und durch der Stimmen hohles Brausen
  Erkenn' ich schwerer Hämmer Schlag.
So sauer ringt die kargen Lose
  Der Mensch dem harten Himmel ab,
Doch leicht erworben, aus dem Schoße
  Der Götter fällt das Glück herab.

Daß ja die Menschen nie es hören,
  Wie treue Lieb' uns still beglückt!
Sie können nur die Freude stören,
  Weil Freude nie sie selbst entzückt.
Die Welt wird nie das Glück erlauben,
  Als Beute wird es nur gehascht,
Entwenden mußt du's oder rauben,
  Eh' dich die Mißgunst überrascht.

Leis auf den Zehen kommt's geschlichen,
  Die Stille liebt es und die Nacht,
Mit schnellen Füßen ist's entwichen,
  Wo des Verräters Auge wacht.
O schlinge dich, du sanfte Quelle,
  Ein breiter Strom um uns herum,
Und drohend mit empörter Welle
  Verteidige dies Heiligtum!

Die Begegnung.

Noch seh' ich sie – umringt von ihren Frauen,
Die herrlichste von allen stand sie da,
Wie eine Sonne war sie anzuschauen;
Ich stand von fern und wagte mich nicht nah,
Es faßte mich mit wollustvollem Grauen,
Als ich den Glanz vor mir verbreitet sah;
Doch schnell, als hätten Flügel mich getragen,
Ergriff es mich, die Saiten anzuschlagen.

Was ich in jenem Augenblick empfunden
Und was ich sang, vergebens sinn' ich nach;
Ein neu Organ hatt' ich in mir gefunden,
Das meines Herzens heil'ge Regung sprach;
Die Seele war's, die, jahrelang gebunden,
Durch alle Fesseln jetzt auf einmal brach
Und Töne fand in ihren tiefsten Tiefen,
Die ungeahnt und göttlich in ihr schliefen.

Und als die Saiten lange schon geschwiegen,
Die Seele endlich mir zurücke kam,
Da sah ich in den engelgleichen Zügen
Die Liebe ringen mit der holden Scham,
Und alle Himmel glaubt' ich zu erfliegen,
Als ich das leise süße Wort vernahm –
O droben nur in sel'ger Geister Chören
Werd' ich des Tones Wohllaut wieder hören!

„Das treue Herz, das trostlos sich verzehrt
Und still bescheiden nie gewagt, zu sprechen –
Ich kenne den ihm selbst verborgnen Wert,
Am rohen Glück will ich das Edle rächen,
Dem Armen sei das schönste Los beschert,
Nur Liebe darf der Liebe Blume brechen.
Der schönste Schatz gehört dem Herzen an,
Das ihn erwidern und empfinden kann."

Die Gunst des Augenblicks.

Und so finden wir uns wieder
  In dem heitern bunten Reihn,
Und es soll der Kranz der Lieder
  Frisch und grün geflochten sein.

Aber wem der Götter bringen
  Wir des Liedes ersten Zoll?
Ihn vor allen laßt uns singen,
  Der die Freude schaffen soll!

Denn was frommt es, daß mit Leben
  Ceres den Altar geschmückt?
Daß den Purpursaft der Reben
  Bacchus in die Schale drückt?

Zückt vom Himmel nicht der Funken,
  Der den Herd in Flammen setzt,
Ist der Geist nicht feuertrunken
  Und das Herz bleibt unergetzt.

Aus den Wolken muß es fallen,
Aus der Götter Schoß, das Glück,
Und der mächtigste von allen
Herrschern ist der Augenblick.

Von dem allerersten Werden
Der unendlichen Natur –
Alles Göttliche auf Erden
Ist ein Lichtgedanke nur.

Langsam in dem Lauf der Horen
Füget sich der Stein zum Stein,
Schnell, wie es der Geist geboren,
Will das Werk empfunden sein.

Wie im hellen Sonnenblicke
Sich ein Farbenteppich webt,
Wie auf ihrer bunten Brücke
Iris durch den Himmel schwebt –

So ist jede schöne Gabe
Flüchtig wie des Blitzes Schein,
Schnell in ihrem düstern Grabe
Schließt die Nacht sie wieder ein.

An die Freunde.

Lieben Freunde, es gab schönre Zeiten
Als die unsern – das ist nicht zu streiten!
Und ein edler Volk hat einst gelebt.
Könnte die Geschichte davon schweigen,
Tausend Steine würden redend zeugen,
Die man aus dem Schoß der Erde gräbt.
Doch es ist dahin, es ist verschwunden,
Dieses hochbegünstigte Geschlecht.
Wir, wir leben! Unser sind die Stunden,
Und der Lebende hat recht.

Freunde, es gibt glücklichere Zonen,
Als das Land, worin wir leidlich wohnen,
Wie der weitgereiste Wandrer spricht.
Aber hat Natur uns viel entzogen,
War die Kunst uns freundlich doch gewogen,
Unser Herz erwarmt an ihrem Licht.
Will der Lorbeer hier sich nicht gewöhnen,
Wird die Myrte unsers Winters Raub,
Grünet doch, die Schläfe zu bekrönen,
Uns der Rebe muntres Laub.

BUNDESREPUBLIK DEUTSCHLAND FEDERAL REPUBLIC OF GERMANY
REPUBLIQUE FEDERALE D'ALLEMAGNE
Computer-Ausweis
1220000016
MUSTERMANN
GEB. GABLER
ERIKA
12.09.45 MÜNCHEN
DEUTSCH / 01.10.91
Erika Mustermann
IDD<<MUSTERMANN<<ERIKA<<<<<<<<<<<<<
1220000016D<<1209453<0110912<<<<<<6

Wohl von größerm Leben mag es rauschen,
Wo vier Welten ihre Schätze tauschen,
An der Themse, auf dem Markt der Welt.
Tausend Schiffe landen an und gehen,
Da ist jedes Köstliche zu sehen,
Und es herrscht der Erde Gott, das Geld.
Aber nicht im trüben Schlamm der Bäche,
Der von wilden Regengüssen schwillt,
Auf des stillen Baches ebner Fläche
Spiegelt sich das Sonnenbild.

Prächtiger als wir in unserm Norden
Wohnt der Bettler an der Engelspforten,
Denn er sieht das ewig einz'ge Rom!
Ihn umgibt der Schönheit Glanzgewimmel,
Und ein zweiter Himmel in den Himmel
Steigt Sankt Peters wunderbarer Dom.
Aber Rom in allem seinem Glanze
Ist ein Grab nur der Vergangenheit;
Leben duftet nur die frische Pflanze,
Die die grüne Stunde streut.

00980
9 783442 068296

Größres mag sich anderswo begeben
Als bei uns in unserm kleinen Leben,
Neues – hat die Sonne nie gesehn.
Sehn wir doch das Große *aller* Zeiten
Auf den Brettern, die die Welt bedeuten,
Sinnvoll, still an uns vorübergehn.
Alles wiederholt sich nur im Leben,
Ewig jung ist nur die Phantasie:
Was sich nie und nirgends hat begeben,
Das allein veraltet nie!

An die Freude.

Freude, schöner Götterfunken,
Tochter aus Elysium,
Wir betreten feuertrunken,
Himmlische, dein Heiligtum.
Deine Zauber binden wieder,
Was die Mode streng geteilt,
Alle Menschen werden Brüder,
Wo dein sanfter Flügel weilt.
  Seid umschlungen, Millionen!
  Diesen Kuß der ganzen Welt!
  Brüder – überm Sternenzelt
  Muß ein lieber Vater wohnen.

Wem der große Wurf gelungen,
Eines Freundes Freund zu sein,
Wer ein holdes Weib errungen,
Mische seinen Jubel ein!
Ja – wer auch nur e i n e Seele
Sein nennt auf dem Erdenrund!
Und wer's nie gekonnt, der stehle
Weinend sich aus diesem Bund.
  Was den großen Ring bewohnet,
  Huldige der Sympathie!
  Zu den Sternen leitet sie,
  Wo der Unbekannte thronet.

Freude trinken alle Wesen
An den Brüsten der Natur,
Alle Guten, alle Bösen
Folgen ihrer Rosenspur.
Küsse gab sie uns und Reben,
Einen Freund, geprüft im Tod,
Wollust ward dem Wurm gegeben,
Und der Cherub steht vor Gott.
  Ihr stürzt nieder, Millionen?
  Ahnest du den Schöpfer, Welt?
  Such' ihn überm Sternenzelt!
  Über Sternen muß er wohnen.

Freude heißt die starke Feder
In der ewigen Natur.
Freude, Freude treibt die Räder
In der großen Weltenuhr.
Blumen lockt sie aus den Keimen,
Sonnen aus dem Firmament,
Sphären rollt sie in den Räumen,
Die des Sehers Rohr nicht kennt.
  Froh, wie seine Sonnen fliegen
  Durch des Himmels prächt'gen Plan,
  Wandelt, Brüder, eure Bahn,
  Freudig wie ein Held zum Siegen.

Aus der Wahrheit Feuerspiegel
Lächelt sie den Forscher an.
Zu der Tugend steilem Hügel
Leitet sie des Dulders Bahn.
Auf des Glaubens Sonnenberge
Sieht man ihre Fahnen wehn,
Durch den Riß gesprengter Särge
Sie im Chor der Engel stehn.
  Duldet mutig, Millionen!
  Duldet für die beßre Welt!
  Droben überm Sternenzelt
  Wird ein großer Gott belohnen.

Göttern kann man nicht vergelten,
Schön ist's, ihnen gleich zu sein.
Gram und Armut soll sich melden,
Mit den Frohen sich erfreun.
Groll und Rache sei vergessen,
Unserm Todfeind sei verziehn,
Keine Träne soll ihn pressen,
Keine Reue nage ihn.
  Unser Schuldbuch sei vernichtet!
  Ausgesöhnt die ganze Welt!
  Brüder – überm Sternenzelt
  Richtet Gott, wie wir gerichtet.

Freude sprudelt in Pokalen,
In der Traube goldnem Blut
Trinken Sanftmut Kannibalen,
Die Verzweiflung Heldenmut.
Brüder, fliegt von euren Sitzen,
Wenn der volle Römer kreist,
Laßt den Schaum zum Himmel spritzen:
Dieses Glas dem guten Geist!
  Den der Sterne Wirbel loben,
  Den des Seraphs Hymne preist,
  Dieses Glas dem guten Geist
  Überm Sternenzelt dort oben!

Festen Mut in schweren Leiden,
Hilfe, wo die Unschuld weint,
Ewigkeit geschwornen Eiden,
Wahrheit gegen Freund und Feind,
Männerstolz vor Königsthronen –
Brüder, gält' es Gut und Blut:
Dem Verdienste seine Kronen,
Untergang der Lügenbrut!
  Schließt den heil'gen Zirkel dichter,
  Schwört bei diesem goldnen Wein,
  Dem Gelübde treu zu sein,
  Schwört es bei dem Sternenrichter!